WAS DAS BESTE AN DIR IST

Gefällt dir das Buch?

Dann bewerte es bitte mit 5 Sternen auf www.amazon.de, weil du damit anderen die Entscheidung erleichterst. Lediglich 4 Sterne sind keine gute Bewertung für Amazon, deshalb bitte 5 Sterne.

Rufe dazu dieses Buch auf Amazon auf und scrolle nach unten zu den Kundenrezensionen. Klicke dort auf "Kundenrezension verfassen".

Oder gehe auf folgende Internetseite:

www.meinerezensionen.de/40

Du wirst dann direkt zu deinen Rezensionen bei Amazon weitergeleitet.

Klicke dort auf den 5. Stern und gib deine Meinung zum Buch ein: Was hat dir besonders gut gefallen? Wem würdest du das Buch empfehlen?

Wenn du zusätzlich noch ein Foto des Buchs hinzufügst, würdest du uns eine ganz besondere Freude machen. Klicke zum Schluss auf „Senden“.

Vielen Dank im Voraus für deine Mithilfe!

© Selbstimpuls Verlag, ein Imprint der ANGRON GmbH
Würmstr. 55
82166 Gräfelfing

Bibliografische Information der Deutschen Nationalbibliothek:
Die Deutsche Nationalbibliothek verzeichnet diese Publikation in der Deutschen Nationalbibliografie; detaillierte bibliografische Daten sind im Internet über http://dnb.d-nb.de abrufbar.

Autorin: Alexandra Lennarz
Herstellung: Amazon Media EU S.à r.l., 5 Rue Plaetis, L-2338, Luxembourg
Bildnachweise: © Depositphotos / creativestall, goldenshrimp
ISBN: 978-3-96322-040-1

Lieber Schatz!

Worte allein reichen nicht aus, um zu sagen, was ich für dich empfinde. Deshalb habe ich für dich dieses Buch ausgefüllt und gestaltet. Mit jeder Zeile möchte ich dir sagen, wie sehr ich dich liebe!

Es ist eine Erinnerung an die vielen schönen Momente, die wir zusammen erlebt haben. Und es ist ein Ausblick auf unsere gemeinsame Zeit, auf die ich mich unendlich freue. Du bist das Beste, was mir jemals passiert ist. Seit du in mein Leben getreten bist, weiß ich erst, was wahre Liebe ist.

Du bist mein Lebensmensch, mein Fels in der Brandung, mein Halt, mein Alles.

Dieses Büchlein soll dich immer daran erinnern, wie viel du mir bedeutest.

Ich liebe dich!

Eine Liebeserklärung

von

für

In einer Liebesbeziehung seit:

So haben wir uns kennen gelernt:

Das ging mir durch den Kopf, als ich dich das erste Mal sah:

Und das ist mir an dir als Erstes aufgefallen:

Bei mir war es

[ ] Liebe auf den ersten Blick.

[ ] Liebe auf den zweiten Blick.

[ ] Liebe nach vielen, vielen Blicken.

Das habe ich getan, um dich auf mich aufmerksam zu machen:

So sind wir ins Gespräch gekommen:

Darüber haben wir miteinander gesprochen:

Mir war sofort klar, dass du...

Anfangs warst du

[ ] schüchtern.

[ ] wenig begeistert von mir.

[ ] noch mit jemand anderem liiert.

[ ] interessierter an mir als ich an dir.

[ ] in Flirtlaune.

[ ] genauso verliebt in mich wie ich in dich.

Diese Erinnerung an unser Kennenlernen werde ich niemals vergessen:

Wir haben ____________________________
unsere Telefonnummern ausgetauscht.

Das erste Mal haben wir ____________________
nach unserem Kennenlernen miteinander telefoniert.

Die Zeit bis dahin erschien mir

[ ] kurz.

[ ] lang.

[ ] unerträglich.

[ ] schön.

Diese Gefühle hatte ich bei unserem ersten Telefonat:

____

____

____

____

____

____

____

____

____

Unser Wiedersehen verlief...

So haben wir uns begrüßt:

Das haben wir unternommen:

Das weiß ich noch über unseren ersten Kuss:

Wann? ______________________________

____

Wo? ______________________________

____

Wie? ______________________________

____

Daran kann ich mich auch noch erinnern:

____

____

____

____

____

So fühlten sich deine Lippen an:

____

____

____

____

Dieses Lied verbinde ich mit unserem ersten Kuss:

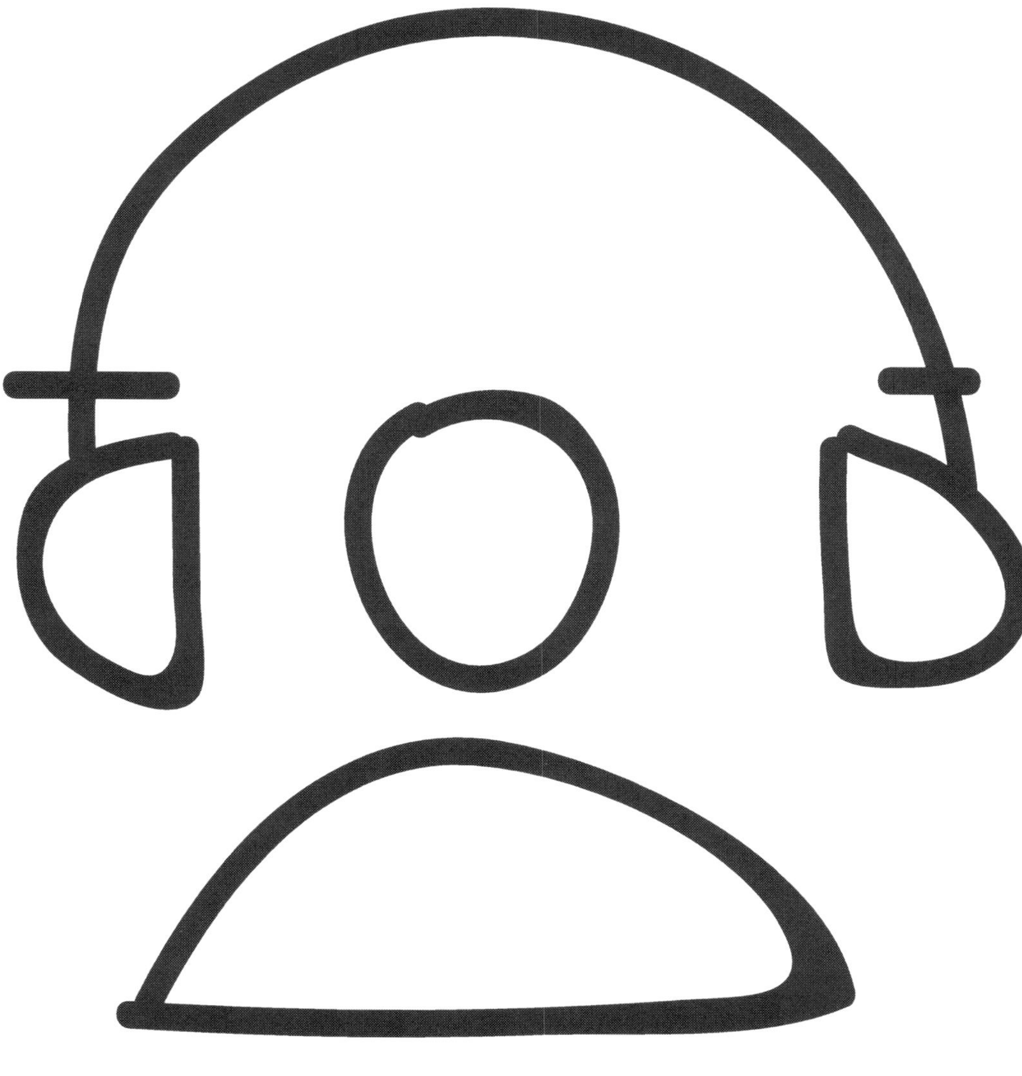

Seit ____________________
habe ich Schmetterlinge im Bauch, wenn ich dich sehe.

Nachts habe ich dann davon geträumt:

Für mich war klar, dass wir ein Paar sind, als

Als Erstes habe ich ______________________
von dir erzählt.

So habe ich von dir geschwärmt:

Unsere Freunde fanden unsere beginnende Beziehung

[ ] nicht gut.

[ ] gut.

[ ] erschreckend.

[ ] lustig.

Diese Prognosen haben andere über unsere Partnerschaft abgegeben:

Diese Erfolgsaussichten haben wir und andere unserer Beziehung eingeräumt:

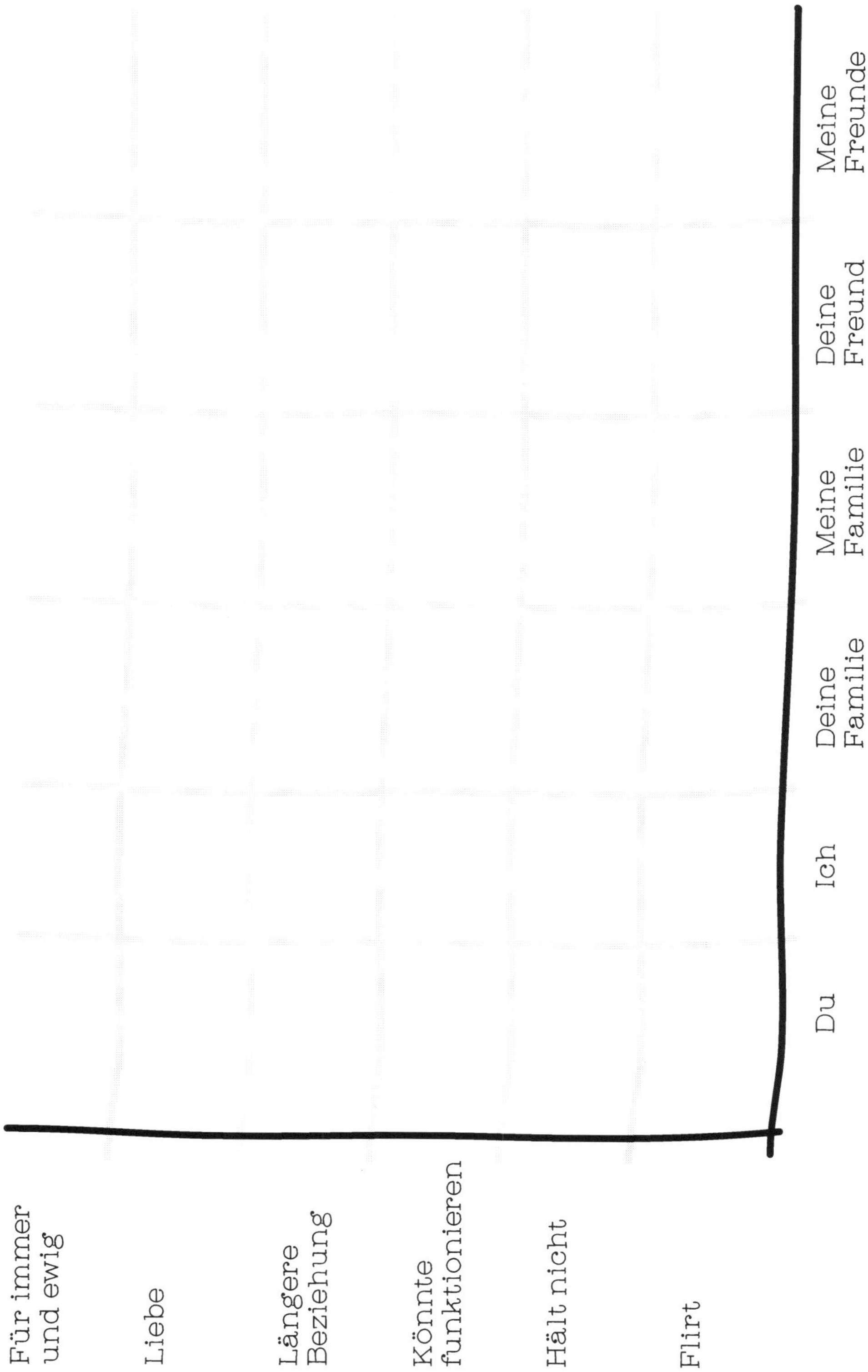

Das habe ich von Anfang an toll an dir gefunden:

____

____

____

Diese Körperstellen finde ich besonders attraktiv an dir:

Am besten gefallen mir:

[ ] deine Augen.

[ ] dein Lächeln.

[ ] dein Hintern.

[ ] deine Grübchen.

[ ] deine Lippen.

[ ] deine Stupsnase.

Als wir frisch verliebt waren, haben wir am liebsten...

Das erste Mal „Ich liebe dich!“ habe ich gesagt...

Das hast du erwidert:

Und ich war...

[ ] der glücklichste Mensch der Welt.

[ ] total verliebt.

[ ] mir meiner Gefühle sicher.

[ ] verwirrt.

[ ] überrascht.

[ ] ängstlich.

Auf die Frage „Wie seid ihr eigentlich zusammengekommen?“ antworte ich:

Unseren Kindern und Enkeln werde ich erzählen, ...

Ab diesem Zeitpunkt war für mich klar, dass wir zusammengehören:

____

____

____

____

____

____

____

Unseren Jahrestag feiern wir am ________________,
weil...

____

____

____

____

Wie schnell doch die Zeit vergeht. Jetzt sind wir schon ________ Jahre, ________ Monate, ________ Tage ein Paar.

Und ich möchte keine Sekunde davon missen!

Unser erstes Paar-Foto:

Um dir meine Liebe zu beweisen, habe ich schon mal...

[ ] einen Liebesbrief geschrieben.

[ ] in aller Öffentlichkeit meine Liebe zu dir gestanden.

[ ] ein Liebeslied für dich gesungen.

[ ] etwas Verrücktes gemacht.

[ ] einen Nebenbuhler/eine Nebenbuhlerin verjagt.

[ ] ein Candle light Dinner für dich organisiert.

[ ] auf etwas verzichtet, das mir auch wichtig war.

[ ] ein Tattoo mit deinem Namen anfertigen lassen.

Ich erinnere mich, als wäre es gestern gewesen:

Mein größter Liebesbeweis war:

Diese Geste von dir hat mir gezeigt, wie sehr du mich liebst:

So habe ich dich zu Beginn unserer Beziehung durch die rosarote Brille gesehen:

Ich liebe dich mit deinen Ecken und Kanten. Auch deine...

Über diese Macken können wir zusammen lachen:

Das ist mein Lieblingsfoto von dir:

Aufgenommen wurde es... ______________________

Ich mag dieses Bild, weil... ______________________

____

____

Unser erster Streit war...

Darum ging es:

Das Ergebnis unserer Meinungsverschiedenheit:

[ ] Du hattest Recht.

[ ] Ich hatte Recht.

[ ] Ich habe nachgegeben, obwohl ich im Recht war.

[ ] Du hast so getan, als hätte ich Recht.

[ ] Wir haben einen Kompromiss gefunden.

[ ] Wir haben uns geküsst und den Streit einfach vergessen.

Wenn wir heute streiten, geht es meist um:

[ ] Geld.

[ ] den Haushalt.

[ ] Sex.

[ ] die Kinder.

[ ] die Familie.

[ ] die Fernbedienung.

[ ] unterschiedliche politische Ansichten.

[ ] die Arbeit.

[ ] ________________________________

Und so versöhne ich mich am liebsten mit dir:

____

____

____

____

____

____

So verbringen wir besonders gerne…

…einen romantischen Abend:

…ein freies Wochenende:

… einen sonnigen Sommertag:

...unseren Jahrestag:

____

____

____

____

...einen kuscheligen Wintermorgen:

____

____

____

____

...einen regnerischen Sonntagnachmittag:

____

____

____

____

Meine liebste Tageszeit mit dir ist ______________ ,

Weil... ______________________

An diesem Ort würde ich dich unglaublich gerne küssen:

Und das ist der außergewöhnlichste Ort, an dem ich dich schon geküsst habe:

Auf meiner To-Do-Liste steht: Dich küssen...

[ ] auf dem Eiffelturm.

[ ] im Kino.

[ ] auf dem Riesenrad in Wien.

[ ] auf einer Gondel in Venedig.

[ ] bei unserer Hochzeit.

[ ] im Altersheim.

[ ] auf einer einsamen Insel.

[ ] bei den Kreidefelsen auf Rügen.

[ ] an deinem 100. Geburtstag.

[ ] ______________________________

Mit dir an meiner Seite... ______________________________

____

____

Seit du in meinem Leben bist,... ______________________________

____

____

Da war ich richtig eifersüchtig:

Du fandest meine Eifersucht...

[ ] irgendwie süß.
[ ] sehr lustig.
[ ] völlig grundlos.
[ ] total übertrieben.
[ ] angebracht.
[ ] beschämend.

So zeigst du mir, dass ich dir vertrauen kann:

Wenn unsere Liebesgeschichte ein Buch wäre, dann wäre das...

[ ] ein Psychothriller.

[ ] ein Liebesroman.

[ ] ein Gedichteband.

[ ] ein Krimi.

[ ] ein Witzebuch.

[ ] ein Erotikroman.

[ ] ein Beziehungsratgeber.

[ ] ein Bestseller.

Und das wäre der perfekte Titel für das Buch:

____

____

Und im Klappentext steht:

____

____

____

____

____

____

____

____

Diesen Liebesbrief wollte ich dir schon immer mal schreiben:

In meinem Leben bist du...

O ...die Nummer eins.

O ...die Nummer zwei, gleich nach meiner Mama.

O ...fast so wichtig wie Fußball.

O ...mein Ein und Alles.

O ...beinahe so wichtig wie meine beste Freundin.

O ...mein Hauptgewinn.

O ...die Melodie meines Herzens.

O ...die Nummer drei, nach

Dieses Liebeslied von ______________________
drückt genau aus, was ich für dich empfinde:

____

, weil ________________________________

____

____

____

Und das ist „unser Lied“: ________________

____

So würde ich ein Stück „Pizza für zwei“ belegen:

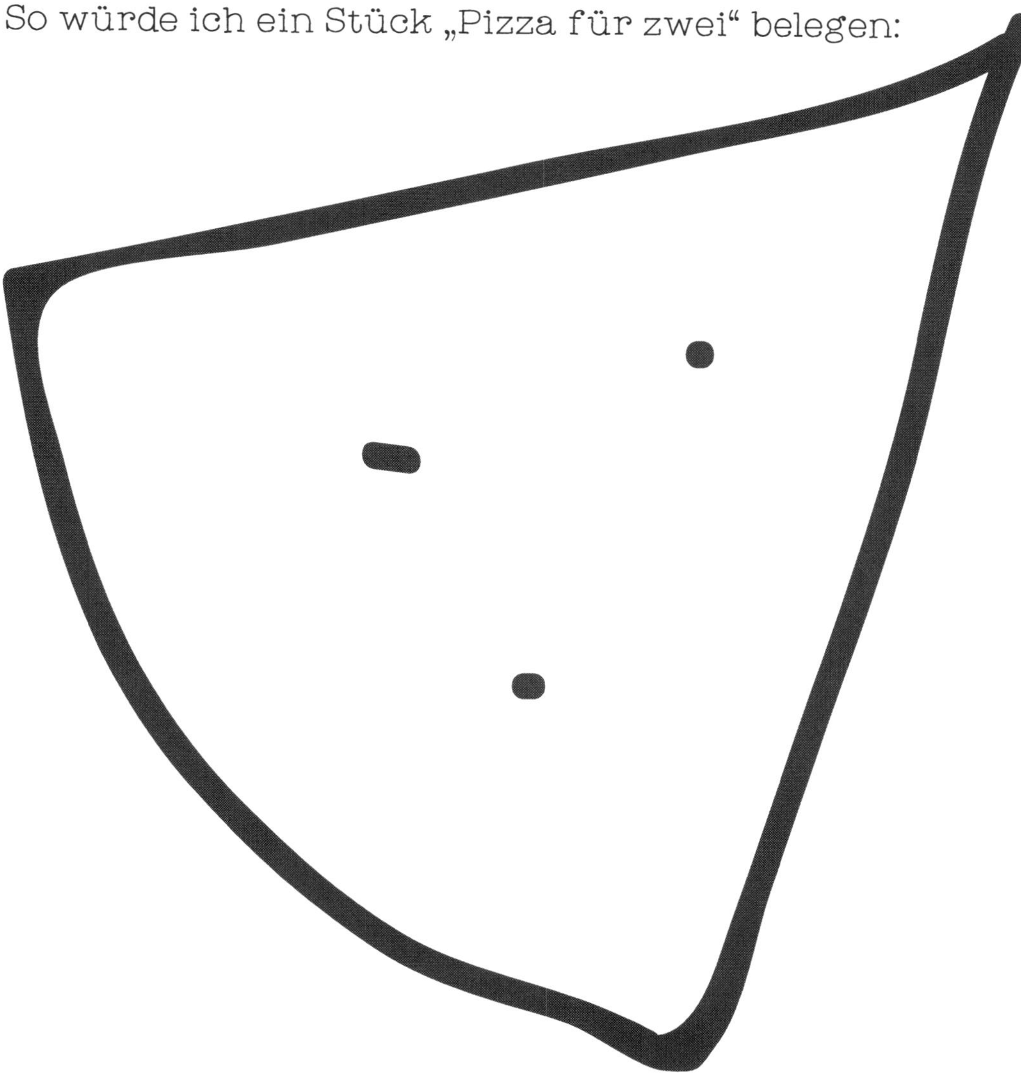

Liebe geht bekanntlich durch den Magen. An einem romantischen Abend essen wir...

In deinen Augen sehe ich...

[ ] deine Liebe.

[ ], dass du länger schlafen solltest.

[ ] unsere Zukunft.

[ ] deine Seele.

[ ], dass du kurzsichtig bist.

[ ], was dein Herz mir sagen will.

Diesen Blumenstrauß habe ich nur für dich „gepflückt“:

Diese 10 Dinge liebe ich an dir:

1. ______________________________
2. ______________________________
3. ______________________________
4. ______________________________
5. ______________________________
6. ______________________________
7. ______________________________
8. ______________________________
9. ______________________________
10. ______________________________

Du machst jeden Tag meines Lebens...

____

____

____

____

...einfach, weil du da bist!

In einem Märchen wärst du...

[ ] die böse Hexe.

[ ] der glitschige Frosch.

[ ] die wunderschöne Prinzessin.

[ ] der alte König.

[ ] die zickige Stiefschwester.

[ ] der mutige Prinz.

[ ] die gute Fee.

[ ] der Zwerg.

[ ] die gemeine Stiefmutter.

[ ] das hässliche Entlein.

Von diesem märchenhaft schönen Erlebnis werde ich noch unseren Enkelkindern erzählen:

____

____

____

____

____

Dieses Tattoo würde ich mir für dich stechen lassen:

Und diese Körperstelle würde ich wählen:

____

, weil ____________________________________

____

____

Ich habe immer viel zu tun und an vieles zu denken.
So ist die Aufteilung meiner Gedanken:

Arbeit: _____ %

Freunde: _____ %

Du: _____ %

Nichts: _____ %

Hobbys: _____ %

Geld: _____ %

Anderes: _____ %

Summe: 100%

Und so sieht das in meinem Kopf aus:

Seit ______________________________ bin ich in dich

V wie ______________________________

E wie ______________________________

R wie ______________________________

L wie ______________________________

I wie ______________________________

E wie ______________________________

B wie ______________________________

T wie ______________________________

Daran habe ich gemerkt, dass aus Verliebtheit echte Liebe wurde:

____

____

____

____

____

____

____

Das ist unser lustigstes Pärchenfoto:

Aufgenommen wurde es... ______________________________

____

Damals waren wir... ________________________________

____

Wir haben immer viel Spaß, wenn...

Darüber können wir zusammen lachen, bis uns die Bäuche wehtun:

So schaffst du es immer wieder, mich aufzuheitern:

In dieser schweren Zeit warst du an meiner Seite:

Du hast mich getröstet, als...

So hast du mir neuen Mut gemacht:

Ich danke dir für:

Unser außergewöhnlichstes Date hatten wir...

Dieses Rendezvous werde ich nie vergessen:

Es war so besonders, weil...

Hier ist Platz für Eintrittskarten, Tickets oder ein Foto eines unseres Dates:

Es war ziemlich peinlich, als...

Die anderen dachten bestimmt, dass wir...

So haben wir reagiert:

Heute können wir darüber lachen, weil...

Unser erster gemeinsamer Urlaub ging nach:

Daran kann ich mich noch gut erinnern:

Der 1. Urlaub zu zweit war ...

[ ] unvergesslich.

[ ] zum Vergessen.

[ ] ein Horrortrip

[ ] fast wie Flitterwochen.

[ ] eine Belastungsprobe für unsere junge Beziehung.

[ ] eine herrliche Auszeit für Frischverliebte.

Diese Karte hätten wir unseren Freunden aus unserem ersten Urlaub schreiben können:

Das Schönste an unseren gemeinsamen Urlauben ist...

Das muss ich unbedingt noch mit dir machen:

[ ] Eine Rucksacktour durch Neuseeland.

[ ] Sightseeing in London.

[ ] Kamel reiten in Ägypten.

[ ] Kanufahren in Schweden.

[ ] Die Route 66 mit dem Motorrad abfahren.

[ ] Sushi essen in Japan.

[ ] Perlentauchen auf den Philippinen.

[ ] Schafe hüten in Irland.

[ ] mit Delfinen schwimmen in Dubai.

[ ] Samba tanzen in Brasilien.

[ ] ______________________________

[ ] ______________________________

[ ] ______________________________

Oder wir genießen einfach Zeit zu zweit und...

Das ist unser liebstes Urlaubsziel:

, weil

Das würde ich auf eine einsame Insel mitnehmen:

Um glücklich zu sein brauche ich nur DICH und vielleicht...

Ich könnte überall mit dir glücklich sein. Aber am liebsten wäre ich es hier:

Diese Kosenamen habe ich für dich:

So nennst du mich liebevoll:

Du magst es gar nicht, wenn ich dich so rufe:

Vielleicht nenne ich dich in Zukunft so:

[ ] Schatzi.

[ ] Baby.

[ ] Hase.

[ ] Goldstück.

[ ] Bärchen.

[ ] Schnucki.

[ ] Mausi.

[ ] Liebling.

Diesen Kosenamen verwende ich nur, wenn wir beide allein sind:

____

____

____

____

____

Ich liebe es, wenn du mich ________________ nennst.

Wenn ich an die Zukunft mit dir denke, habe ich dieses Bild vor Augen:

Besonders freue ich mich auf:

Mit dir möchte ich alt und grau werden, weil...

In 50 Jahren möchte ich mit dir...

[ ] ein Doppelzimmer im Altersheim teilen.

[ ] Fallschirm springen.

[ ] lieber keinen Kontakt mehr haben.

[ ] Händchen haltend auf der Parkbank sitzen.

[ ] genauso glücklich sein wie heute.

[ ] über deine Lebensversicherung sprechen.

[ ] zufrieden auf eine glückliche Beziehung zurückschauen.

[ ] püriertes Gemüse essen und mich über unsere Enkelkinder wundern.

[ ] küssen, bis die falschen Zähne wackeln.

Das ist das Romantischste, das du jemals für mich gemacht hast:

Damit hast du mich wirklich überrascht:

Ich schmelze dahin, wenn du...

Diese romantische Idee habe ich für dich:

Das möchte ich unbedingt noch mit dir erleben:

An diesem Ort möchte ich dir „Ich liebe dich!“ ins Ohr flüstern:

Diese fünf Eigenschaften beschreiben dich am besten:

1. ______________________________

2. ______________________________

3. ______________________________

4. ______________________________

5. ______________________________

Du bist die Liebe meines Lebens, weil...

____

____

____

Ohne dich wäre ich...

[ ] verloren.

[ ] nicht komplett.

[ ] Single.

[ ] nur halb.

[ ] auf der Suche nach dir.

[ ] einsam.

[ ] ein Engel mit nur einem Flügel.

[ ] nicht der Mensch, der ich heute bin.

[ ] mit jemand anderem zusammen.

[ ] Stammkunde bei Dating-Websites.

Du kannst mir einfach nicht lange böse sein, wenn...

So wickelst du mich immer wieder um den Finger:

Ich bin wie Wachs in deinen Händen, weil...

Mein Herzschlag, wenn ich dich sehe:

Mein Herzschlag im Ruhezustand:

Mein Herzschlag, wenn du nicht bei mir sein kannst:

Diagnose: Mein Herz schlägt nur für dich!

Vielleicht sage auch ich zu selten „Ich liebe dich!“.

Vielleicht würdest du es gerne öfter hören, wie viel du mir bedeutest. Manchmal sage ich es nicht direkt, sondern so:

[ ] Pass auf dich auf!

[ ] Hast du schon etwas gegessen?

[ ] Ich fahre rasch noch einkaufen. Brauchst du etwas?

[ ] Schlaf gut!

[ ] Nimm dir eine Jacke mit!

[ ] Fahr vorsichtig!

[ ] Ich werde dich vermissen!

[ ] Soll ich dir etwas mitbringen?

[ ] Lass mich das tragen!

[ ] Schlaf ruhig weiter!

[ ] Ich mache das schon.

[ ] Du solltest zum Arzt gehen!

[ ] ______________________________

[ ] ______________________________

[ ] ______________________________

Oft braucht es weder große Worte, noch große Taten. Diese „Kleinigkeiten“ sollen dir zeigen, was ich für dich empfinde:

Dieses Ritual darf bei uns auf keinen Fall fehlen:

Die Stationen und Highlights unserer Liebe im Zeitraffer:

Wir lernen uns kennen

heute

Dieser Schlager beschreibt unsere Beziehung am besten:

[ ] „Wahnsinn“ von Wolfgang Petry

[ ] „Atemlos“ von Helene Fischer

[ ] „Ganz in Weiß“ von Roy Black

[ ] „Du hast mich tausendmal belogen“ von Andrea Berg

[ ] „Liebe ohne Leiden“ von Udo Jürgens

[ ] „Die Liebe ist ein seltsames Spiel“ von Conni Frances

[ ] „Ich brech’ die Herzen der stolzestes Frau’n“ von Heinz Rühmann

[ ] „Marmor, Stein und Eisen bricht“ von Drafi Deutscher

[ ] „Ein bisschen Spaß muss sein“ von Roberto Blanco

[ ] „Rote Lippen soll man küssen“ von Cliff Richard

[ ] „Verdammt, ich lieb dich“ von Matthias Reim

[ ] Ein Stern, der deinen Namen trägt“ von DJ Ötzi und Nik P.

Dichten gehört zwar nicht zu meinen Stärken, aber dieses Gedicht ist nur für dich:

Liebe ist für mich...

In diesen Dingen sind wir uns sehr ähnlich:

Und in diesen könnten wir nicht unterschiedlicher sein:

Darum bin ich sicher, dass wir zusammengehören:

Dieses besondere Schmuckstück würde ich gerne nur für dich designen:

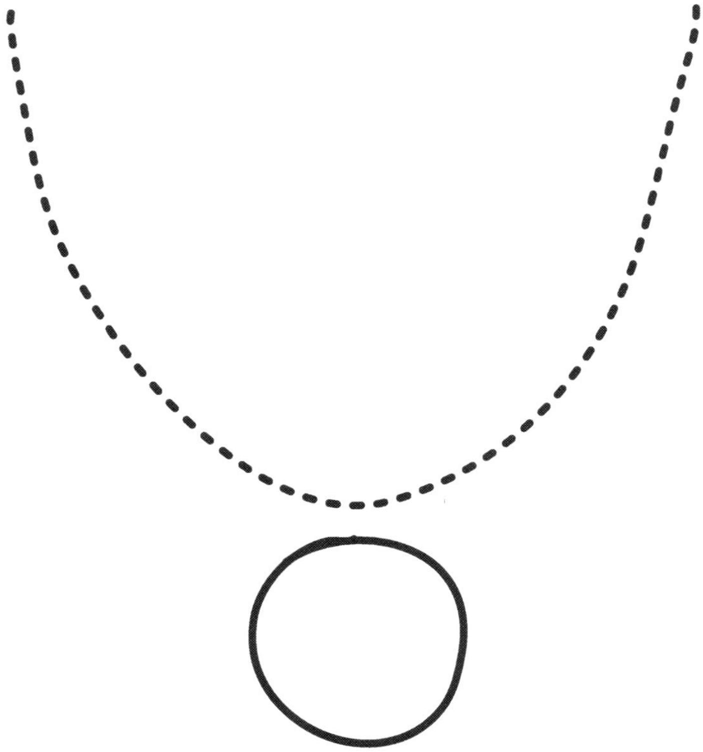

Diese Gravur wäre auf der Rückseite zu lesen:

____

____

Überreichen würde ich dir die Kette, weil...

____

____

____

Wenn ich 1.000.000 Euro gewinnen würde, würde ich...

Diesen Herzenswunsch würde ich dir natürlich auch erfüllen:

Mit dem Geld würden wir...

[ ] leben wie die Reichen und Schönen.

[ ] eine Weltreise machen.

[ ] uns ein Haus im Grünen kaufen und eines in der Stadt.

[ ] den ganzen Tag im Bett liegen und unsere Zweisamkeit genießen.

[ ] aufhören zu arbeiten.

[ ] unsere Schulden bezahlen.

[ ] viel Gutes tun.

[ ] eine ausgiebige Shoppingtour machen.

Dieses Foto von uns beiden liebe ich besonders:

Damals waren wir ____________________

Wir haben...

[ ] gemeinsame Hobbys.

[ ] viel Spaß miteinander.

[ ] eine glückliche Beziehung.

[ ] nicht viel, was uns verbindet.

[ ] guten Sex.

[ ] oft Streit.

[ ] es beide nicht leicht.

[ ] uns lieb.

[ ] Vertrauen zueinander.

[ ] die Liebe fürs Leben gefunden.

Wenn ich könnte, würde ich dir diesen Stern vom Himmel holen:

DU machst...

...mein Leben ______________________________

...unser Zuhause ______________________________

...die Nächte ______________________________

...meine Sorgen ______________________________

...mein Glück ______________________________

...mich ______________________________

...meine Welt ______________________________

...den kalten Winter ______________________________

Du bist mein Lieblingsmensch, weil...

____

____

____

____

____

____

____

Das sind meine liebsten Erinnerungen an unsere gemeinsame Zeit:

Meine Top-3-Erlebnisse mit dir:

1.

2.

3.

Darauf freue ich mich schon:

Die nächsten Jahre unserer Beziehung werden bestimmt...

Ich würde gerne...

[ ] den Rest meines Lebens mit dir verbringen.

[ ] für immer so verliebt in dich bleiben.

[ ] hin und wieder Abwechslung haben.

[ ] jeden Tag „Ja!“ zu dir sagen.

[ ] mit dir eine Familie gründen.

[ ] der ganzen Welt sagen, wie sehr ich dich liebe.

[ ] immer bei dir sein.

[ ] jeden Morgen neben dir aufwachen.

[ ] deine Hand niemals wieder loslassen.

Für die Zukunft mit dir wünsche ich mir...

Das wollte ich dir schon immer sagen:

Hier siehst du einige meiner Lieblingsfotos von uns:

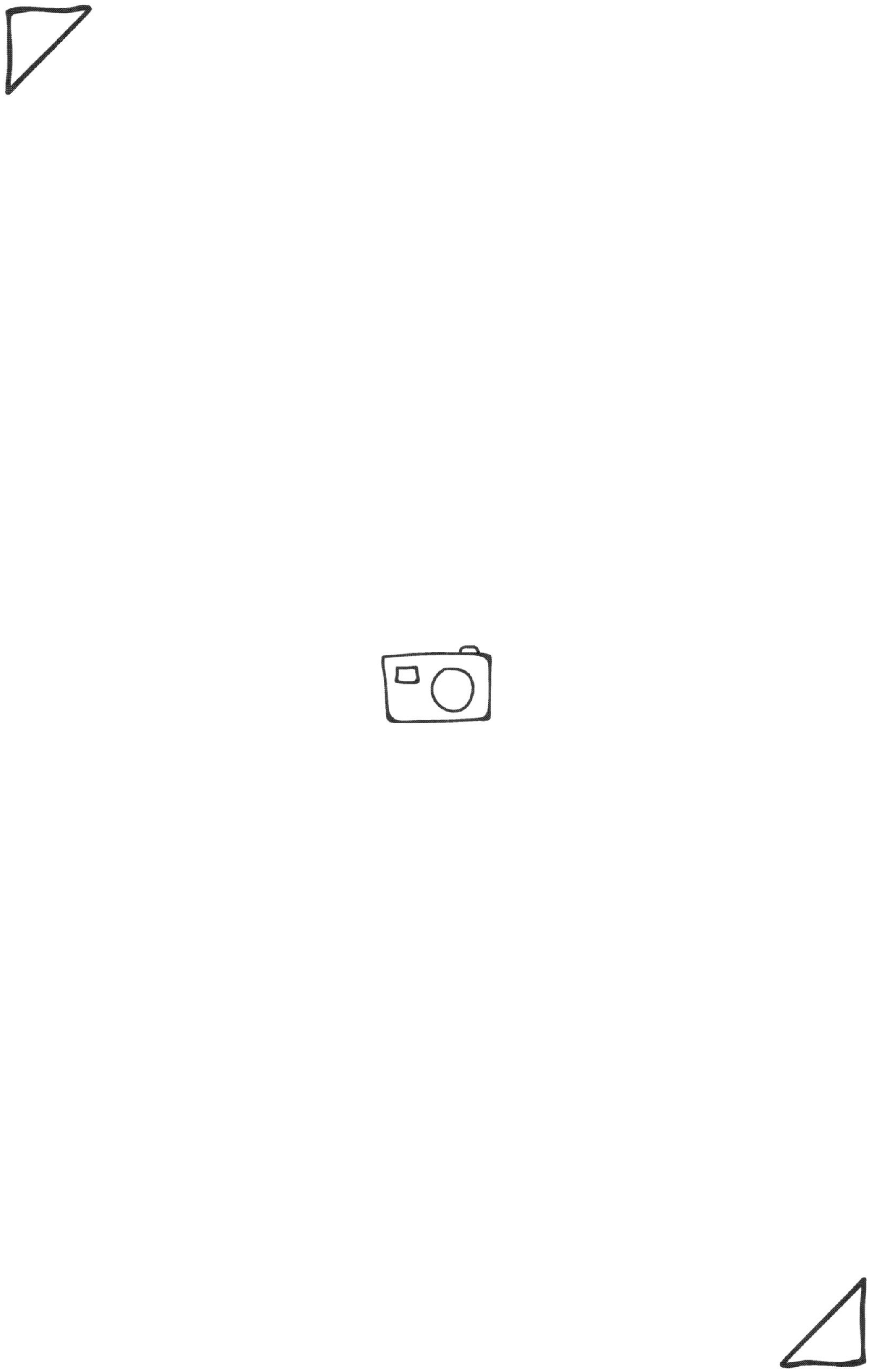

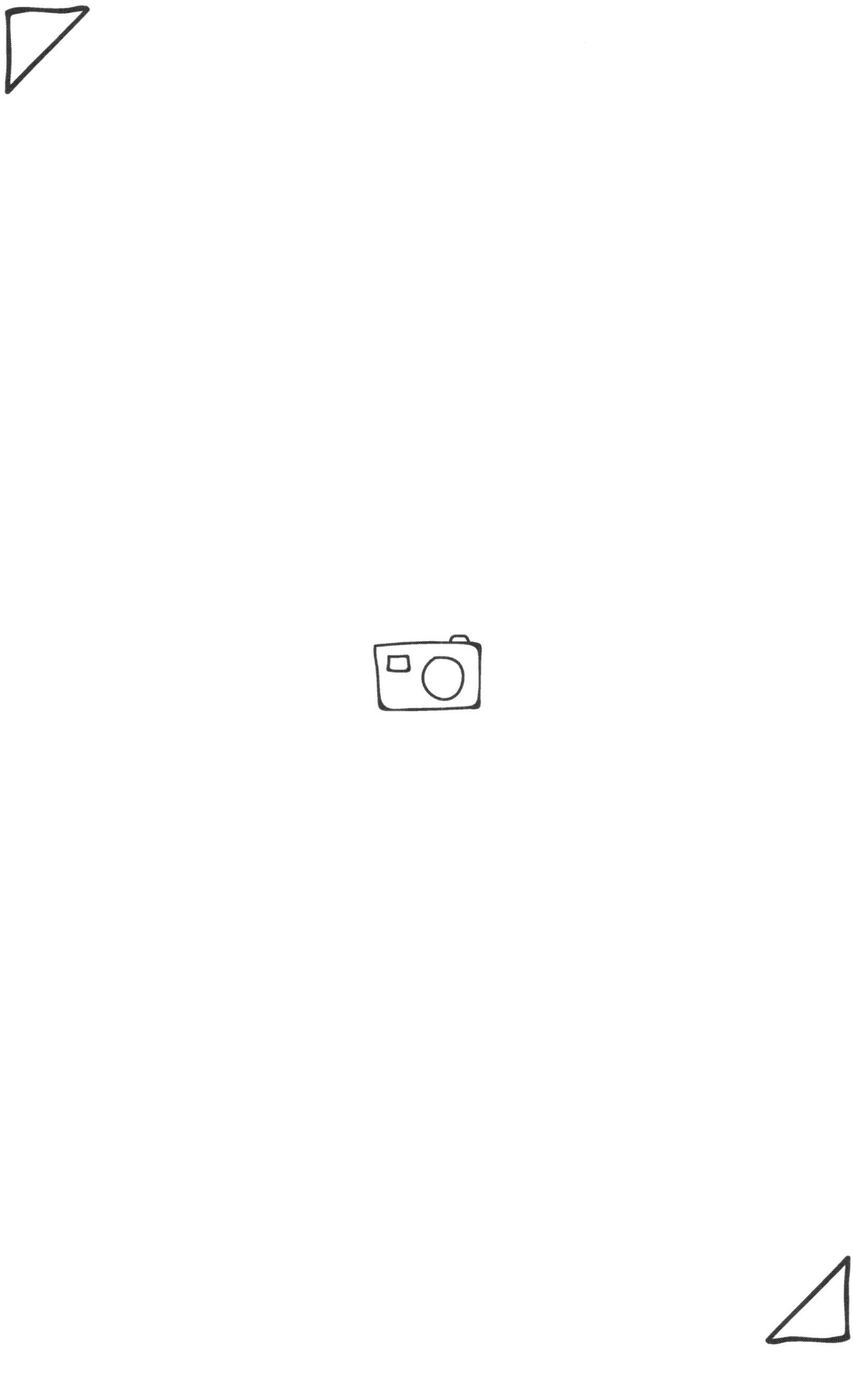

15509995R00066

Printed in Germany
by Amazon
Distribution